DES DIFFÉRENTES FORMES
DE GOUVERNEMENT,
DE LA
CONSTITUTION ANGLOISE,
ET DE LA
LIBERTÉ CIVILE.

On trouve chez M. BERTIN ;

Les Satyres d'Young,

Et la Vie de François Bacon, Chancelier d'Angleterre.

DES DIFFÉRENTES FORMES
DE GOUVERNEMENT,
ET DE LEURS AVANTAGES
OU
DÉSAVANTAGES RESPECTIFS;
DE LA
CONSTITUTION ANGLOISE,
ET DE LA
LIBERTÉ CIVILE,

PAR WILLIAM PALEY,

Maître ès-Arts & Archidiacre de Carlisle;

OUVRAGE traduit de l'Anglois, sur la quatrième Édition,

PAR M. BERTIN.

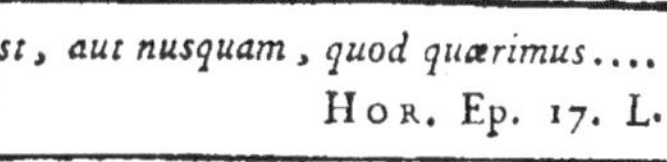

Hic est, aut nusquam, quod quærimus....
HOR. Ep. 17. L. 1.

A PARIS,

Chez L'AUTEUR, rue Saint-Honoré, n°. 618, près la rue des Poulies, maison du Fourbisseur,

& Chez DEFER DE MAISONNEUVE, Libraire, rue du Foin Saint-Jacques.

1789.

AVERTISSEMENT.

Le titre de cet Ouvrage embrasse des objets trop importants, pour qu'ils ne frappent point l'attention dans un moment où l'on aime à recueillir toutes les instructions qui peuvent éclairer sur la Politique. Les réflexions de William Paley, concernant les différentes formes de Gouvernement, & la liberté Civile, offrent des idées claires & simples, exprimées sans emphase, & que tout ami des bons principes s'empressera d'applaudir. L'Auteur, semble avoir fouillé dans toutes les sources de l'Histoire de l'Angleterre ; il n'est point de règle essentielle dans la Constitution, dont il n'explique, & le principe & la raison. Lorsqu'il vante les avantages du Gouvernement de son Pays, c'est sans les exagérer ; loin d'en dissimuler les défauts, il les expose au contraire avec la droiture d'un homme impartial, qui, par des préceptes & des avis aussi sages que solides, cherche à faire naître des opérations utiles à sa Patrie. Si le Docteur ne conseille pas la réforme de certains abus, c'est qu'ils sont peu nuisibles à la Nation, & que d'ailleurs ils ont jetté des racines trop profondes pour qu'on pût les arracher sans ébranler la Constitution. Il ne donne point de leçon, qu'il ne l'appuye de quelque exemple, & c'est par le passé qu'il instruit le présent & l'avenir. Rejettant toutes ces idées d'une perfection chimérique, qui, comme il le dit lui-même, ne font qu'enflammer des desirs sans les satisfaire. Il sait également se défendre de l'esprit d'innovation, & d'un respect superstitieux pour les anciens usages; s'il montre, en un mot, de l'attachement pour la forme du Gouvernement Monarchique, il marque les bornes précises du pouvoir Royal, & indique les droits respectifs de chaque Ordre de l'Etat. Ce Philosophe éclairé, dont tous les jugements sont dictés par la plus mûre réflexion, ne sait point chérir ses idées, au point de vouloir y assujettir les autres; toujours plein de défiance dans ses propres sentiments, il se tient à une égale distance de l'admiration & du mépris pour certaines institutions de l'Angleterre : c'est sous ce dernier point de vue, sur-tout que son Ouvrage peut devenir très-précieux dans la circonstance actuelle, puisqu'il garde un juste milieu, entre les opinions des partisants de la Constitution Anglaise, & le sentiment de ceux qui en ont fait la critique.

Cette Traduction n'offre qu'une très-petite partie *des Principes de la Philosophie Morale & Politique* (1), du Docteur Paley, production déja traduite dans plusieurs Langues, & qui a eu quatre Editions dans un court intervalle. Si nous parvenons à faire accueillir les morceaux que nous

(1) C'est le titre de l'Original.

présentons au public, nous en donnerons d'autres par la suite, & nous choisirons ceux qui nous paraîtront devoir inspirer le plus d'intérêt.

DES DIFFÉRENTES FORMES DE GOUVERNEMENT, ET DE LEURS AVANTAGES OU DÉSAVANTANGES RESPECTIFS.

Il en est des affaires d'une Nation comme de celles qui se traitent entre des particuliers. Qui ne voit qu'une suite indéfinie d'appels les rendrait interminables ? Il faut donc une autorité qui tranche. On trouve en conséquence dans chaque Gouvernement, un pouvoir aux décisions duquel la Constitution a consenti de se soumettre : ce pouvoir peut, pour cette raison, se nommer absolu, tout puissant, arbitraire, despotique. Il est le même dans tous les Pays.

La personne ou l'assemblée dans laquelle il réside, se nomme le Souverain ou le pouvoir suprême de la Nation.

Le droit de promulguer des Loix, appartenant universellement à ce pouvoir, on l'appelle aussi la législation de l'Etat.

Un Gouvernement reçoit sa dénomination, de la forme de la législation ; cette forme n'est autre chose, que ce que nous entendons ordinairement par la Constitution du Pays.

Les Ecrivains politiques comptent trois formes principales de Gouvernement ; mais comme elles existent rarement dans un Etat pur & élémentaire, on peut dire que c'est de leur combinaison & de leur mêlange que sont constitués les Gouvernements actuels ; ces formes sont :

1°. Le Despotisme, c'est-à-dire, la Monarchie absolue, où la législation appartient à une seule personne.

2°. L'Aristocratie, où la législation est réservée à une Assemblée choisie, dont les membres remplissent par élection les places vacantes dans leur propre Corps, ou succèdent à ces places par droit d'hérédité, de propriété, par la possession de certaines terres, ou en vertu de quelque titre ou qualification personnels.

3°. La Démocratie, où le Peuple constitue collectivement, ou par représentation, la législation.

Les avantages particuliers de la *Monarchie*, sont l'unité de Conseil, l'activité, la décision absolue, le secret la célérité de l'exécution, la force & l'énergie Militaire, qui résultent de ces qualités, l'exclusion des disputes populaires & aristocratiques ; la faculté de prévenir, par une règle de succession connue, toute espèce de prétention au pouvoir suprême, & de réprimer les espérances, les intrigues, & les cabales des Citoyens ambitieux.

Les inconvénients, ou plutôt les dangers de la Monarchie, sont la tyrannie, les dépenses, les exactions, la domination Militaire, des guerres déclarées sans nécessité, pour satisfaire les passions d'un individu, les risques auxquels expose le caractère du Prince régnant; l'ignorance de ce même Prince & de ceux qui régissent sous son nom, & par suite, un défaut de réglements salutaires, un manque d'uniformité & de constance dans les Loix, toutes choses qui compromettent nécessairement la liberté.

L'avantage particulier d'une *Aristocratie*, consiste dans la sagesse qu'on doit attendre de l'expérience & de l'éducation. Un Conseil permanent possède naturellement l'habitude de gouverner;

& les Membres qui, par droit de succession, ont l'espoir d'y entrer, doivent nécessairement recevoir une éducation conforme aux fonctions que leur naissance leur destine.

Les vices d'une *Aristocratie* sont les dissentions entre les premiers Ordres de l'Etat qui, faute d'un Supérieur commun, sont sujets à se porter à des extrêmités alarmantes ; l'oppression des Ordres inférieurs, toujours accablés par les priviléges des Grands, & par des Loix favorables aux intérêts des Législateurs.

Les avantages d'une *République* ou de la démocratie, sont la liberté ou l'exemption de toute espèce de gêne & de contrainte dont il ne peut résulter aucun bien général; des Loix égales, des Réglements adaptés aux besoins & aux nécessités du Peuple, l'esprit public, la frugalité, l'éloignement pour la guerre. Les occasions que les assemblées démocratiques fournissent aux hommes de tous les rangs, d'exposer à l'observation publique leurs lumières & leurs talents, d'exciter & d'éveiller, par ce moyen, les facultés des meilleurs Citoyens pour les appliquer au bien de l'Etat.

Les inconvénients d'une *République*, sont les querelles, le tumulte, les factions & les efforts des Citoyens puissants pour s'emparer du Gouvernement de l'Empire, les clameurs, la confusion & les troubles, conséquences inévitables des grandes Assemblés, & de l'obligation de soumettre les affaires d'Etat à la discussion des dernières classes du Peuple; la lenteur & la publicité des Conseils & des desseins de la Nation, les délais, quand il s'agit d'exécuter, la faiblesse des mesures sans cesse retardées par la nécessité d'obtenir le consentement de la multitude; enfin l'asservissement de celles des Provinces qui ne sont point admises à participer au pouvoir législatif.

Un Gouvernement *mixte* est formé de la combinaison de deux ou plusieurs formes simples de Gouvernement ci-

dessus

dessus décrites, & quelle que soit la proportion dans laquelle chaque forme participe à la constitution d'un Gouvernement, on doit s'attendre à tous les avantages & à tous les inconvénients de cette forme, dans la même proportion qu'elle y est entrée ; c'est-à-dire, que dans chaque partie de la Constitution, il y a tels avantages à retenir & à cultiver, comme tels dangers à prévenir & à éviter. Si donc le secret & la célérité sont rangés parmi les qualités excellentes du Gouvernement Royal, un Gouvernement mixte qui conserve la forme Monarchique dans une partie de sa constitution, doit pourvoir à ce que les autres parties ne divulguent point ce qu'il est important de cacher, ou n'interposent pas des délais à l'exécution de ses mesures, par le desir de simmiscer dans des fonctions qui sont ou qui doivent être réservées à l'administration du Prince. D'un autre côté, si la profusion, l'exaction, la domination Militaire

& les guerres entreprises sans nécessité peuvent être regardées justement comme des vices inhérents à la Monarchie dans sa forme simple, ce sont autant d'objets auxquels, dans un Gouvernement mixte, les parties populaires & aristocratiques de la Constitution, doivent donner toute leur attention; ce sont les dangers contre lesquels elles doivent se tenir continuellement armées; ce sont enfin les abus de la Souveraineté dont l'inspection & la censure doivent être absolument conférées au Peuple.

La même observation peut s'appliquer à tous les autres avantages & inconvénients que nous avons attribués aux différentes formes de Gouvernement; elle fournit en outre une règle, d'après laquelle on peut diriger le plan, l'édifice & l'administration des Gouvernements *mixtes*, tous susceptibles cependant de cette remarque, qu'il résulte quelquefois de la réunion de deux formes simples, une qualité qui n'appartient pas à l'existence séparée de l'une d'elles. Ainsi la corruption qui n'a pas lieu dans une Monarchie absolue, & très-peu dans une République pure, s'introduira certainement dans une Constitution qui divise le pouvoir suprême entre la Puissance exécutrice & le Conseil populaire.

Une *Monarchie héréditaire* est, sans contredit, préférable à une Monarchie *élective*. Le sentiment unanime de ceux qui ont écrit sur le Gouvernement civil, l'expérience des siècles, l'exemple de la Pologne & des États du Pape, semblent placer cette maxime parmi le petit nombre de celles que la science de la politique regarde comme les plus incontestables. Dans l'opinion des hommes une couronne est d'un trop grand prix pour qu'ils puissent la conférer au mérite. Les passions & les intérêts des Electeurs excluent toute considération des qualités des compétiteurs : cette observation s'étend à la nomination de tous les postes, qui attribuent une grande portion de pouvoir & d'émolumens. On ne gagne, à un choix populaire, rien qui dédommage des dissentions, des tumultes, de la suspension de l'industrie journaliere, dont il est ordinairement accompagné: ajoutez à cela qu'un Roi qui doit son élévation au sort d'une dispute, ou à quelqu'autre cause qu'une règle fixe de succession, sera disposé à regarder une partie de ses sujets comme les compagnons de sa fortune, & l'autre comme des ennemis vaincus. Il ne faut pas non plus oublier, parmi les avantages d'une Monarchie *héréditaire*, que comme les plans d'amélioration & de réforme nationales parviennent rarement à maturité par les efforts d'un seul règne, une Nation ne peut espérer le degré de bonheur & de prospérité auquel elle est capable de parvenir, qu'autant qu'une uniformité de conseils, un accord durable de mesures & de desseins publics continueront de se maintenir pendant plusieurs siècles. Cet avantage doit être attendu d'un

Gouvernement où le pouvoir suprême passant dans la même race, chaque Prince succède en quelque sorte aux vues & aux desirs de son prédécesseur naturel : mais on sent que le contraire doit presque nécessairement arriver quand la couronne est à chaque changement dévolue à un étranger. En effet, le premier soin de celui-ci est ordinairement de détruire l'ouvrage de celui qui régnait avant lui & d'y substituer des systêmes d'administration qui doivent faire place à leur tour aux innovations favorites de son successeur.

Les *aristocraties* sont de deux espèces, l'une où le pouvoir de la Noblesse réside dans leur masse collective seulement, sans que les membres de ce corps possèdent séparément ou individuellement aucune autorité ni aucun privilège, dont le reste de la société soit privé : telle est la constitution de Venise; l'autre, où les Nobles sont séparément investis de pouvoirs & d'immunités personnels très-considérables, & où là puissance du Sénat n'est à-peu-près autre chose que le pouvoir aggrégé des membres qui le composent: telle est la constitution de la Pologne. La première de ces deux formes de Gouvernement est plus supportable que la seconde; car quand les membres d'un Sénat seraient pour la plupart, & même tous assez corrompus pour abuser de l'autorité de leur place, & satisfaire des vues privées, n'ayant pas tous le même penchant à l'injustice, le but n'étant pas le même pour tous, il serait difficile de faire consentir la majorité à aucun acte d'oppression, que l'iniquité d'un seul individu pourrait proposer: la volonté fût-elle la même, le pouvoir est toujours plus borné. Un Tyran, soit que la tyrannie réside dans une seule personne, ou dans un Sénat, ne peut point exercer l'oppression en autant de places en même tems, que pourrait le faire la domination d'une Noblesse nombreuse sur ses vassaux. De toutes les espèces de dominations, celle-ci est la plus odieuse; elle gêne & contrarie plus la liberté & les jouissances de la vie privée, que les Loix les plus vexatoires, & même que la volonté la plus illégale d'un despote, à l'injustice duquel la plupart de ses sujets échappent par leur éloignement ou par leur obscurité.

L'Europe fournit plus d'un exemple moderne, où le Peuple accablé sous le poids des exactions, & provoqué par la conduite criminelle de ses supérieurs immédiats, s'est joint avec le Prince régnant pour renverser l'aristocratie; changeant avec réflexion sa condition présente, ne craignant pas même, pour s'y soustraire, de s'exposer à tous les maux du despotisme. Vers la fin du dernier siècle, les Communes de Danemarck, fatiguées de la servitude dans laquelle les Nobles les tenaient depuis long-temps, & irritées par quelques outrages sanglans qu'elles venaient de recevoir, se présentèrent aux pieds du Trône avec l'offre formel de leur consentement à ce que le Roi prît & exerçât sur eux un pouvoir illimité. Plus récemment encore, la révolution de Suède, opérée de l'aveu, pour ne pas dire avec l'assistance du Peuple, dut ses succès à la même cause, c'est-à-dire, à la perspective qu'elle lui offrait d'être délivré de la tyrannie sous laquelle les Nobles l'avaient fait gémir dans l'ancienne constitution. En Angleterre, le Peuple vit avec satisfaction l'abaissement des Barons, sous la Maison de Tudor, quoiqu'il sentît bien que la Couronne allait s'acquérir par cette dépression, un pouvoir qu'aucunes limites établies jusques-là par les Loix du Royaume, ne pourraient plus contenir. La leçon que l'on doit tirer de pareils exemples, c'est qu'un Gouvernement mixte, qui admet un Ordre patricien dans sa Constitution, devrait circonscrire les priviléges personnels de la Noblesse, spécialement toute prétention d'autorité locale, ou de Jurisdiction héréditaire, avec une inquiétude égale à celle que lui inspire sa propre conservation. Rien n'aliène plus le Peuple du Gouvernement sous lequel il vit, que le sentiment perpétuel d'un fardeau qui l'opprime ; rien ne le dispose plus à seconder les factions d'un Prince entreprenant, ou d'un Chef de parti, que l'abus qui accompagne presque toujours l'existence des priviléges & des immunités exclusives.

Parmi les avantages inférieurs, mais cependant assez importants, d'une Constitution démocratique, d'une Constitution dans laquelle le peuple participe au pouvoir législatif, il ne faut pas négliger ceux-ci :

1°. Le goût qu'elle inspire pour les études, les efforts qu'elle fait naître dans la poursuite des emplois supérieurs de la Communauté, & l'influence salutaire qu'elle a sur l'éducation, les mœurs, & les caractères de la Nation. Dans les Pays où la Bourgeoisie n'a aucune part au Gouvernement, il n'y a presque aucune profession, qui mène aux premières places, que celle des armes ; ceux qui ne suivent point cette carrière, (& malheureux est sans doute le Pays qui emploie au service Militaire un grand nombre de ses Sujets, de quelque Ordre qu'ils soient) se perdent communément faute d'occupation, c'est-à-dire, qu'ils se livrent sans réserve aux plus folles habitudes, ou qu'ils se dévouent entièrement à ces arts futiles, & à ces talents superficiels qui sont le mieux accueillis des Cours. Dans un Gouvernement au contraire, où, si ce n'est la masse entière, du moins une portion effective du pouvoir civil est possédée par une Assemblée Populaire ; des études, des occupations plus sérieuses sont encouragées, une conduite plus sage, des mœurs plus pures, un caractère plus réfléchi, deviennent infailliblement le gage de l'estime publique. Ces qualités, qui rendent les hommes propres aux délibérations utiles, & qui sont le fruit de l'habitude de raisonner, ou d'une application soutenue, sont fécondées, j'oserais même dire, sont évoquées par la récompense qui charme le plus promptement le cœur humain ; la dignité & l'importance politique.

2°. Les Elections Populaires attirent au Peuple des égards de la part de ses supérieurs ; cette dédaigneuse insolence & ce mépris accablant, que les classes inférieures de la société ont coutume d'éprouver d'un Ordre plus élevé, sont extrêmement mitigés chez une Nation où le Peuple a quelque chose à donner. L'assiduité avec laquelle on recherche sa faveur dans certaines occasions, sert à faire naître l'habitude des prévenances & du respect ; & comme dans le cours de la vie, les hommes éprouvent plus d'amertumes par les affronts que par les infirmités auxquelles leur condition les expose ; tout ce qui tend à faire traiter avec douceur & aménité ceux qui sont le plus en butte à des procédés contraires, corrige à un degré considérable le mal de l'inégalité, & mérite d'être rangé parmi les institutions les plus généreuses de la société.

3°. La satisfaction que le Peuple, dans un Gouvernement libre, retire de la connaissance & de la discussion des matières Nationales, telles que les procédés & les débats du Sénat, la conduite & le caractère des Ministres, les révolutions, les intrigues, & en général les mesures, les questions & les événements publics.

Des sujets de cette nature, excitent assez d'intérêt & d'émotion pour occuper moderément la pensée, sans l'élever à un degré pénible d'anxiété, & sans même laisser une impression trop fixe sur les esprits. Eh! cherchons-nous autre chose, nous proposons-nous un autre but dans ces amusements, auxquels nous mettons tant d'importance, & pour la jouissance desquels on attache tant de prix aux richesses? Quant à moi, & je crois, en cela, sympatiser avec la plupart des hommes qui sont parvenus à un âge mûr, & qui occupent les places mitoyennes de la société, si j'étais le maître d'employer en plaisirs tout l'argent que je paie au Gouvernement pour mes impositions, je doute que je pusse en choisir un, qui me procurât plus d'agrément que celui que j'éprouve, lors que j'apprends, ou que je rapporte des nouvelles intéressantes, lorsque je lis des débats ou des procédés parlementaires, & enfin lorsque je médite ou que je fais des projets, des raisonnements & des prédictions politiques, qui circulent par différents canaux dans toute l'étendue du Royaume. Ces sujets d'entretien, inspirent une curiosité universelle, & comme ils sont de nature a être entendus par presque tous les hommes, ils rendent la conversation plus instructive & plus morale; on y employe un temps, que peut-être on sacrifierait au jeu, à la table, au scandale & à la débauche. Or, le secret, la jalousie, *l'isolement*, & la précipitation des Gouvernements despotiques excluent ces jouissances. On me dira que leur privation doit causer peu de regrets ; je sais qu'il est facile de les tourner en ridicule, & de les présenter comme les occupations oisives de la partie de la Nation, que quelques-uns osent appeller *insignifiante* (1). Pour moi, je ne traiterai jamais de chimère, ce qui fait l'agrément d'une multitude d'hommes, & l'épithète d'insignifiant me paraît mal convenir à une classe de Citoyens, dont le nombre seul forme une grande proportion dans la masse générale de la Société.

Nous sommes accoutumés à cette opinion, qu'une forme républicaine de Gouvernement ne convient qu'aux affaires

---

(1) L'Auteur prend ici la défense des personnes qui s'entretiennent de matières politiques dans les cafés.

d'un petit Etat ; ce raisonnement est fondé sur cette considération, qu'à moins que le Peuple, dans chaque district de l'Empire, ne soit admis à participer à la représentation Nationale, le Gouvernement n'est point *pour lui*, une République, que les Elections ou les Constituants sont nombreux & dispersés dans une grande étendue de Pays, doivent nécessairement se faire avec beaucoup de difficultés, ou plutôt qu'elles sont dirigées par les intrigues d'un petit nombre d'hommes placés près le lieu de l'Election, chaque Votant regardant son simple suffrage comme une portion de l'intérêt général, trop faible pour mériter ses soins & sa présence, & pour mettre quelque opposition à l'influence de la Couronne & au crédit des Grands. Si l'on resserre, disons-nous, la représentation dans une sphère assez étroite, pour admettre un débat régulier & paisible, l'intérêt du Constituant devient trop petit, celui du Député trop grand,

& il est difficile de maintenir aucune connexion entre l'Electeur & le Mandataire. Celui qui représente deux cents mille individus, est nécessairement étranger à la plupart de ceux qui le choisissent, & lorsque le zèle qu'il leur voue cesse de dépendre de la connaissance immédiate de leurs personnes & de leur caractère, ou de l'intérêt qu'il prend à leurs affaires, lorsqu'un tel Représentant trouve que les honneurs & les trésors d'un grand Empire sont à la disposition d'un petit nombre, & que lui-même, il fait partie de ce petit nombre, il y a lieu de présumer qu'il préférera à son devoir public, l'attrait d'un avantage personnel que sa situation lui offre, & que le prix de son suffrage le mettra à même d'acheter quand il le voudra. Toute espèce d'appel au Peuple, ajoutons-nous, devient impraticable par l'impossibilité de le rassembler en un nombre suffisant. Les factions & l'accord unanime du Sénat, sont également dangereux dans une

une Constitution démocratique, le mécanisme est trop compliqué, & les mouvements sont trop lents pour les opérations d'un grand Empire, dont la défense exige de l'exécution & de la célérité, en proportion de la grandeur, de l'étendue, & de la variété de ses intérêts. Ces raisons ont, sans doute, beaucoup de poids; mais elles sembleraient en grande partie détruites par le systême & le plan d'une République fédérative, qui, en partageant le Pays en districts d'une étendue convenable, & en laissant à chaque district sa législation intérieure, départiraient à une convention des Etats, la connaissance de leurs réclamations respectives, la levée des Troupes, la direction des forces communes de l'union, la demande des subsides pour le maintien de ces forces, le droit de faire la guerre ou la paix, la négociation des traités, les réglements relatifs au commerce avec l'Etranger, l'établissement des impôts sur les objets d'importation & leur répartition combinée, de manière à empêcher qu'une Province ne soit frustrée de ses revenus, par l'introduction frauduleuse des articles provenants des confins d'une autre Province, & à prévenir aussi toute espèce de partialité dans l'encouragement des Manufactures. Nous ne savons pas jusqu'à quelles limites, une telle République pourait sans inconvénients agrandir ses domaines, en associant des Provinces voisines à sa confédération; nous ignorons jusqu'à quel point, il est possible de concilier la liberté d'un petit district, avec la sûreté d'un grand Empire, ou s'il ne s'éléverait pas, parmi des Puissances d'un même Ordre, des dissentions & des jalousies, qui, faute d'un Supérieur commun, pourraient produire les maux les plus funestes; ce sont autant de questions, qu'aucunes archives politiques ne nous donnent le droit de décider avec certitude, & sur lesquelles l'exemple des Etats-Unis de l'Amérique fixera un jour notre opinion.

DE LA CONSTITUTION ANGLAISE.

On entend par la Constitution d'un Pays, la portion des Loix qui a pour objet le plan & la forme de la législation ; elle comprend & embrasse les droits & les fonctions des différentes parties du Corps législatif, la composition, & la jurisdiction des cours de Justice. Considérée comme faisant partie du code des Loix la Constitution forme une division, une section, ou un titre qui ne diffère du reste que par l'importance supérieure du sujet. Les termes de *constitutionnel* & *d'inconstitutionnel*, signifient donc légal & illégal ; la distinction & les idées que ces termes indiquent, sont fondés sur la même autorité que la loi du Pays sur tout autre objet, & doivent être éclaircies par les mêmes recherches. En Angleterre, le systême de la Jurisprudence publique, consiste dans les actes du Parlement, dans la décision des Cours, & dans des usages d'une date immémoriale. Tels sont les principes qui composent la Constitution Anglaise elle-même; telles sont les sources d'où dérive la connaissance de sa nature & de ses limites, & les autorités par lesquelles toute question constitutionnelle doit être décidée. Il est d'autant plus essentiel, de se graver dans la mémoire cette définition simple & intelligible, que quelques Ecrivains qui ont traité ce sujet, nomment Constitutionnel tout ce qui est bien, & déclarent inconstitutionnelle toute mesure qu'ils trouvent nuisible & dangereuse dans quelques points, tandis que d'autres encore, attribuent une sorte d'autorité trascendante, ou de sainteté mystique à la Constitution, comme si elle émanait de quelque origine plus sublime, que celle qui donne la force &

le pouvoir aux Loix & aux Statuts ordinaires du Royaume, ou qu'elle fût inviolable pour tout autre motif que son utilité intrinsèque. Un acte du Parlement en Angleterre, ne peut jamais être inconstitutionnel dans l'acception propre & stricte du mot; il le peut dans un sens moins pur, c'est-à-dire, lorsqu'il milite avec l'esprit, qu'il contredit l'analogie, ou qu'il détruit l'effet des Ordonnances constitutives du Gouvernement. Le criminel abus que fit du dépôt de ces Loix un Parlement d'Henri VIII, en accordant à la proclamation du Monarque, l'autorité de Loi, n'était contraire à la Constitution que dans ce dernier sens.

La plupart des Ecrivains, qui traitent de la Constitution Anglaise, la considèrent comme un systême ou un plan de Gouvernement, inventé & formé par nos Ancêtres, à une certaine Ere de notre Histoire Nationale, & prétendent qu'elle a été fondée d'après la régularité de ce dessein. Cette idée, se suppose & se reconnaît facilement dans les expressions de ceux qui parlent des « Principes de la Constitution » ; « de ramener la Constitution à ses premiers principes » ; « de la restituer à sa pureté originelle » ou « à son modèle primitif ». C'est avoir, suivant moi, une idée très-fausse du sujet ; jamais il n'y a eu de pareil plan de formé, par conséquent, ces premiers principes, ce modèle originel, cette base primitive, n'existent pas. Il n'y a jamais eu de date, ni d'époque dans notre Histoire, où le Gouvernement d'Angleterre ait été regénéré, où une seule personne, une Assemblée, un Comité quelconque, ayent été chargés de former une Chartre pour l'Administration future de ce Royaume, & où la Constitution ainsi préparée & ainsi digérée, ait été reçue & établie d'un consentement unánime. Dans le temps des guerres Civiles, ou plutôt entre l'époque de la mort de Charles Ier, & celle de la restauration de son fils, il y eut plusieurs projets de publiés; mais aucun ne fut mis à exécution. La grande Chartre & le Bill des droits, furent des efforts sages & vigoureux pour obtenir une entière sauve-garde contre les abus du pouvoir Monarchique, qui jadis avait opprimé les Sujets de la Nation; mais ces instituts étaient des modifications trop partielles de la Constitution, pour lui imprimer une forme originelle. La Constitution de l'Angleterre, comme celle de la plupart des Etats de l'Europe, est née de l'occasion & du hasard, de la Police vacillante de différents siècles, des querelles, des succès, de la diversité d'intérêts, & de la position avantageuse où se trouvèrent différents Ordres & différents partis. Elle ressemble à un ancien édifice, qui, au lieu d'avoir été bâti en une seule fois, sur un plan régulier & suivant les règles de l'Architecture actuelle, a été élevé dans les différents âges de l'Art, a éprouvé de temps à autre, des changements, & a reçu continuellement des additions & des réparations conformes au goût, à la fortune, & à la convenance de ses Propriétaires successifs. On rechercherait en vain, dans un pareil bâtiment, l'élégance & les proportions, l'ordre exact & la correspondance des parties que l'on exige dans un édifice moderne, & dont la symmétrie extérieure contribue peut-être, après tout, beaucoup plus à l'amusement du Spectateur, qu'à la commodité de celui qui l'habite.

Il existe dans la Constitution Britannique, & peut-être dans toutes les autres, une différence prodigieuse, entre l'état actuel du Gouvernement & la théorie des Loix. L'un résulte de l'autre, & cependant ils diffèrent entre eux. Quand on contemple la théorie du Gouvernement Anglais, on voit le Roi investi de l'impunité personnelle la plus absolue, du pouvoir de rejetter des Loix résolues par les deux Chambres du Parlement, de celui de conférer en vertu de sa Chartre, à tel nombre ou succession d'hommes qu'il juge à propos, le privilége d'envoyer des Représentants à l'une des Chambres du Parlement, & de faire placer, par son ordre immédiat, ceux qu'il lui plaît dans l'autre. Qu'est-ce que tout cela, pourrait demander un Etranger, si ce n'est le despotisme le plus illimité? Cependant, si de l'esprit des Loix, on porte ses regards sur l'exercice actuel de l'autorité Royale en Angleterre, on voit ces prérogatives formidables dégénérer en un vain simulacre, & on apperçoit à leur place, une influence sûre & prépondérante, ignorée entièrement, à ce qu'il semble, de la Constitution, & qui naît de ce crédit immense que l'accroissement du territoire & l'opulence de l'Empire ont placé dans les mains de la Puissance exécutrice.

Dans des questions de réforme, les idées qui méritent quelques applaudissements, sont celles qui offrent une image fidelle du Gouvernement sous lequel on vit, comparée, non avec des modèles d'une perfection spéculative, mais avec l'espoir actuel d'en obtenir un meilleur. Cette manière de raisonner, enfantera une disposition politique, également éloignée de cette admiration puérile des établissements présents, qui ne sait point remarquer de fautes, ni supporter de changement, & de cette sensibilité outrée, qui ne voit que des abus, & qui est trop impatiente pour pouvoir jamais être délivrée du mal qu'elle éprouve, & pour calculer l'étendue du danger ou la dépense du remède. Les innovations politiques, produisent communément beaucoup d'effets qu'on n'avait point prévus. Les conséquences directes & prochaines, sont souvent les moins importantes : des maux ou des avantages incidentels, éloignés & inattendus, excèdent fréquemment la somme du bien qu'on avait espéré, & du mal qu'on avait prévu. C'est de l'opération muette

& inobservée, c'est de l'obscur progrès des causes mises en activité pour différentes vues, que les plus grandes révolutions tirent leur origine. Lorsqu'Elisabeth, & son successeur immédiat, s'appliquèrent à donner des encouragements & des règles au commerce par différentes Loix très-sages, ils ne savaient pas qu'avec la richesse & l'industrie, ils fécondaient dans le Royaume un sentiment de force & d'indépendance qui ne voudrait point souffrir long-temps, sous la forme d'un Gouvernement mixte, la domination des Princes arbitraires. Lorsqu'il fallut décider si le *Mutiny act*, cette Loi par laquelle l'armée est gouvernée & maintenue, serait annuel ou d'une durée illimitée, les partisants du Bill annuel ne prévoyaient guères d'autres avantages que celui d'exercer un contrôle sur la prérogative la plus dangereuse de la Couronne, la direction, ou le commandement d'une armée sur pied ; & cependant cette simple réserve a changé la forme & la nature de la Constitution Anglaise. En effet, puisqu'à raison du systême Militaire adopté par les Nations voisines & rivales, & des nécessités intérieures du Gouvernement, une armée est devenue un besoin pour la sûreté & l'administration d'un Empire, ce Bill rend le Parlement maître, en discontinuant le paiement des subsides, de fortifier ses résolutions sur un autre objet, au point de rendre l'opposition du Souverain, à une Loi qui a reçu la sanction des deux Chambres, d'une trop dangereuse épreuve pour que jamais on la lui conseille. Une longue dissention ne peut plus avoir lieu aujourd'hui entre le Roi & le Parlement, sans opérer la dissolution totale du Gouvernement. Enfin lorsque la Constitution conféra à la Couronne, la nomination de tous les emplois dans le service public, elle y fut déterminée par la nécessité indispensable d'accorder à un Maître le choix de ses Domestiques, &

par l'inconvénient manifeste d'assembler, toutes les fois qu'il vaquerait une place, un Conseil National pour régler les débats personnels qui accompagnent les Elections aux postes honorables ou lucratifs ; mais nos Ancêtres ne songèrent pas que cette disposition ajoutait au pouvoir Royal une influence, qui, à mesure que le nombre & la valeur des emplois augmenteraient, altérerait & finirait même par changer le caractère de la Constitution. Ils ne savaient pas ce que l'expérience & la réflexion des siècles modernes ont découvert, que *protection*, est synonime de *pouvoir* ; que celui qui possède à un degré suffisant, le moyen de satisfaire la passion des hommes pour les richesses & les distinctions, quelles que soient les limites qui fixent son autorité, aura toujours entre ses mains le maniement des affaires publiques ; quel que soit le mécanisme de la machine politique, il en dirigera toujours le mouvement. Ces exemples ne sont rappellés ici, que pour éclaircir la proposition que nous avons établie ; savoir qu'en politique les effets les plus importants & les plus permanents, ont été pour la plupart accidentels ou imprévus, & nous voulons l'inculquer dans la mémoire de nos Lecteurs, à cause de l'avis qu'elle contient, qu'il ne faut jamais hasarder des innovations sans un discernement capable d'en embrasser toutes les conséquences, sans une perception aussi distincte des résultats les plus éloignés, que du dessein le plus immédiat. Le courage d'un Ministre doit ressembler à celui d'un Général qui, quelque mépris qu'il ait pour les dangers, n'oublie jamais qu'avec sa vie & sa fortune, il expose celles d'une multitude d'hommes, & qui ne regarde pas comme une preuve de zèle & de valeur, de compromettre la sûreté des autres pour le succès d'une entreprise périlleuse & désespérée.

Il est un but propre & particulier à

une bonne Constitution, c'est le bonheur des Sujets; il en est un second non moins essentiel, mais qu'elle partage avec beaucoup d'autres Gouvernements, même, très-mauvais : c'est sa propre conservation. En considérant que la meilleure forme de Gouvernement, qui ne pourvoirait pas à sa stabilité, serait défectueuse, on regarde, en politique, comme très-utiles tous les moyens qui assurent cette permanence, & il suffit qu'un expédient quelconque tende au maintien de cette Constitution, pour que nous devions nous empresser de le proposer pour Loi; mais à parler vrai, cet expédient n'est avantageux qu'autant que la Constitution mérite d'être conservée, ou qu'il ne paraisse pas possible de la changer pour une meilleure. Je fais cette distinction, parce que beaucoup de choses en Angleterre, comme dans tous les autres Gouvernements, sont approuvées à cause de leur seule tendance à maintenir la République dans son état présent, & ses différentes parties dans la possession des pouvoirs qu'elle leur a assignés, & parce que je voudrais faire remarquer que, cette considération doit toujours être subordonnée à une autre, la bonté de la Constitution elle-même.

La Constitution de l'Angleterre, que quelquefois on appelle un Gouvernement mixte, quelquefois une Monarchie limitée, résulte de la combinaison de trois formes régulières de Gouvernement; la monarchie qui réside dans le Roi; l'aristocratie, dans la Chambre des Lords, & la démocratie, que représente la Chambre des Communes. La perfection qu'on s'est proposée dans un pareil systême est, de réunir les avantages de ces différentes formes de Gouvernement, & d'exclure les inconvénients qu'elles présentent, lorsqu'elles sont isolées. Pour que le Lecteur puisse juger à quel degré ce but a été, ou peut être atteint, dans quels points importants il a été perdu

de

de vue, ou négligé, & par quels moyens on peut y parvenir avec plus de succès, je vais donner ici une énumération séparée, des avantages & des inconvénients dont nous avons parlé dans le Chapitre précédent, & en faire une application distincte à la condition politique de ce Pays. Nous offrirons aussi des remarques sur ce sujet, dans un très-court exposé des moyens que la Constitution employe.

1°. Pour maintenir la sûreté de ses intérêts.

2°. Pour assurer sa propre stabilité.

§. I.

Les procédés auxquels elle a recours dans la première de ces vues, sont les suivants :

Afin d'encourager l'établissement des Loix salutaires, tout Citoyen peut devenir Membre du Sénat, & chaque Sénateur a le droit de proposer à la délibération législative, telle Loi qu'il jugera à propos.

Chaque district de l'Empire a le privilége de choisir des Députés qui connaissent les intérêts, les facultés & les desirs de leurs Constituants, & qui soient en état d'en rendre compte au Conseil National. Le dernier des Sujéts, a son Représentant qu'il peut charger de soumettre ses demandes & ses plaintes à l'attention publique.

Au moyen de ce que le droit de voter pour l'élection des Membres de la Chambre des Communes, est annexé à différentes qualifications, chaque Ordre & chaque Profession de la Société deviennent virtuellement représentés, c'est-à-dire, que des hommes de tous rangs, Gens de Cour, Magistrats, Bourgeois, Manufacturiers, Marchands, Soldats & Matelots, expert dans leur Art, & intéressés à la prospérité de leurs professions respectives, obtiennent des places dans le Parlement.

L'influence des possessions territoriales est si grande sur les élections, qu'il en résulte la certitude qu'un nombre considérable de riches Propriétaires, seront nommés plusieurs fois au Parlement. Ces élections sont aussi tellement modifiées, que les hommes les plus éminents & les plus habiles dans leur état, ont ordinairement, soit par leur opulence, soit par l'importance de leurs fonctions, l'espoir du triomphe dans ces espèces de concours.

Le nombre, la fortune, & la qualité des Membres, la variété des intérêts & des caractères qui les dirigent, & surtout la durée limitée de leur pouvoir, & le changement d'hommes que chaque nouvelle élection produit, sont autant de sauves-gardes pour le Public, contre la flexibilité de leurs jugements, & contre la formation des partis qui, dans leur propre Corps, pourraient devenir assez puissants pour déterminer leurs décisions.

Les Représentants sont si rapprochés

des Constituants , & les Constituants du reste du Peuple, qu'ils ne peuvent sans une partialité trop frappante, pour être soufferte, établir aucun impôt sur la masse des Citoyens, sans qu'ils ne le partagent. Ils ne peuvent pas non plus, adopter aucun plan d'Administration avantageux, dont ils n'éprouvent les effets bienfaisants.

Les procédés, les débats du Parlement, la conduite parlementaire de chaque Représentant, doivent être connus de tout le Peuple.

Le Représentant dépend à un tel point des Electeurs, & son importance politique est tellement fondée sur la faveur du Peuple, qu'un Membre du Parlement ne peut pas se faire plus de titres aux places & aux dignités, qu'en proposant & en favorisant des Loix d'une utilité publique.

Lorsque des avis & des informations sur les besoins & la situation du Peuple, sont ainsi recueillis de toutes parts, lorsqu'une aussi grande variété d'invention, lorsque tant de jugements, tant de têtes enfin s'exercent sur un sujet, il y a tout lieu de présumer que le meilleur expédient, le remède le plus efficace, ou le plan de perfection le mieux choisi, s'offriront à quelques-uns des Députés de la Nation. Un Conseil sage, ou un Réglement avantageux, une fois suggéré, on doit attendre d'une Assemblée composée comme celle de la Chambre des Communes, qu'il ne pourra pas manquer d'être accueilli par la majorité.

A l'effet de prévenir ces dangereuses disputes, ces contentions pour le suprême pouvoir, qui ont toujours lieu lorsque les Membres de l'Etat ne vivent point sous un Chef avoué, & sous une règle de succession reconnue; pour maintenir la tranquillité du Peuple dans ses foyers, par la prompte & vigoureuse activité des Loix; pour protéger ses intérêts au dehors par la force & l'énergie des opérations Militaires, par ces avantages de la décision, du secret & de la célérité qui conviennent aux résolutions des Conseils Monarchiques; pour l'exécution de toutes ces vues réunies, la Constitution a commis le Gouvernement exécutif à l'Administration & à l'autorité limitée d'un Roi héréditaire.

Toutes les fois qu'il est question de la défense de l'Empire, du maintien de son pouvoir, de sa considération & de ses privilèges chez les Nations Etrangères, de l'agrandissement de son Commerce par des traités & des conventions, & de la nécessité de pourvoir à l'Administration générale de la Justice par un choix convenable de Magistrats, les dispositions du Roi & celles du Peuple sont ordinairement d'accord : la Constitution a chargé en conséquence la Prérogative d'un ample pouvoir, dans cette partie des fonctions Royales.

Les plus grands dangers à redouter de la part du Gouvernement Monarchique intéressent deux articles essentiels : les *taxes* & les *punitions*. Dans toutes les formes de Gouvernement dont le Peuple est exclus, il est de l'intérêt de ceux qui gouvernent, d'obtenir le plus qu'ils peuvent, & de ceux qui sont gouvernés, de donner le moins qu'il leur est possible. Or, le droit de punir devient quelquefois, dans les mains d'un Prince arbitraire, un instrument d'extorsion, de jalousie & de vengeance. La Constitution Britannique en a donc agi sagement, en protégeant la sécurité du Peuple quant à ces deux points, par les plus soigneuses & les plus sages précautions.

1°. Par rapport aux *taxes*, toute Loi qui, d'après l'interprétation même la plus indirecte, peut être regardée comme un impôt sur la propriété des Sujets, doit naître, c'est-à-dire, être proposée & consentie dans la Chambre des Communes. Au moyen de cette institution & de l'importance attachée à toutes les fonctions de cette Chambre, la levée des taxes est presque exclusivement réservée à la partie populaire de la Constitution que l'on ne peut pas présumer s'imposer ni ses Concitoyens, sans être d'abord convaincue de la nécessité des subsides qu'elle accorde.

L'application de ces secours publics, est surveillée avec la même circonspection que leur assiette. La plupart des taxes sont annuelles, le produit des autres, est hypothéqué ou consacré à des services spécifiques ; leur emploi est justifié dans la Chambre des Communes, comme les calculs des charges qui les rendent nécessaires, ont été provisoirement soumis à l'examen de ce Tribunal.

2°. Quant à l'infliction des peines, le pouvoir de la Couronne & du Magistrat nommé par la Couronne, est circonscrit par les limites les plus précises. Le crime du coupable doit être constaté par douze hommes de son Ordre, choisis indifféremment dans la Province où l'offense a été commise.

Les peines & leurs limites sont attachées au crime, par des Loix qui n'ont pas connu la personne du criminel.

Et comme l'emprisonnement arbitraire ou clandestin, est l'injure la plus à redouter du bras puissant de l'autorité, puisqu'il prive à la fois, le prisonnier de toute défense & de toute protection, & qu'il le livre au pouvoir & aux coupables desseins de ses ennemis, la Constitution a pourvu aux moyens d'échapper à ce danger, avec une extrême sollicitude. L'ancien writ (1) de *habeas corpus*, *l'habeas corpus* de Charles II, la conduite & les déterminations de nos Cours Souveraines de Justice, fondées sur ces Loix, remédient de la manière la plus efficace à tous les cas imaginables, où

(1) Un writ est un procédé judiciaire ou un instrument légal, au moyen duquel on force quelqu'un de comparaître devant le Juge.

il pourrait s'effectuer un emprisonnement illégal (1).

---

(1) Sur une plainte par écrit ou par procuration de la personne détenue en prison, portée devant l'une des quatre Cours de justice de Westminster-Hall *en temps utile*, ou au Lord Chancelier, ou à l'un des Juges des vacations, & sur une raison capable de faire suspecter la légalité de la détention, on lance contre la personne chargée de la garde du prisonnier, un *writ*, qui lui ordonne de produire, dans un temps limité & très-court, le prisonnier & l'ordre de sa détention. Au retour du *writ* auquel il est dû, sous les peines les plus sévères, une soumission stricte & instantanée, s'il ne paraît aucun sujet légitime d'emprisonnement, le Juge devant lequel le prisonnier a été amené, est autorisé à le faire élargir; il y est même forcé par les devoirs de sa charge, l'accusé eût-il été arrêté par un Secrétaire ou un autre des premiers Officiers d'Etat, par le Conseil privé ou par le Roi même en personne. Aucun sujet de ce royaume ne peut donc être détenu en prison par aucun pouvoir quelconque,

Le crime de haute trahison, étant le prétexte qu'on peut employer le plus souvent pour perdre un individu, & le Gouvernement étant toujours partie intéressée dans la poursuite du coupable, la Loi, outre l'attention générale avec laquelle elle veille à la sûreté de l'accusé, par une sage prévoyance de l'inégalité du combat dans lequel le Sujet est engagé, a favorisé sa défense d'un appui & d'une indulgence extraordinaires. Par deux statuts passés depuis la

---

sous quelque prétexte que ce soit, s'il trouve moyen de faire parvenir sa plainte à l'une des quatre Cours de Westminster-Hall, à moins que ces différents Tribunaux ne décident unanimement que l'emprisonnement est légal : il peut s'adresser à ces Tribunaux les uns après les autres, & s'il s'en trouve un qui juge que le prisonnier doive être mis en liberté, il a le droit, quoique seul de son avis, de la lui restituer.

révolution, toute personne poursuivie pour crime de haute trahison, reçoit toujours avant l'interrogatoire, une copie de son procès, une liste des témoins qui seront produits, ainsi que du Juré constitué pour la décision de son affaire, & elle peut charger un Conseil de sa défense, priviléges que n'a point un prisonnier accusé de tout autre crime. Mais ce qui est d'une bien plus grande importance pour les Parties, c'est qu'il faut au moins deux témoins pour convaincre une personne de haute trahison, tandis qu'un témoin positif, suffit dans presque toute autre espèce d'accusation.

§. II.

Nous allons axaminer, à présent, de quelle manière la Constitution a pourvu à sa propre conservation, c'est-à-dire, comment chaque branche de la législation se trouve maintenue dans l'exercice de ses fonctions, & à l'abri de toute usurpation des autres Parties. Cette sûreté est quelquefois appellée la balance de la Constitution, & l'équilibre politique que cette expression dénote, est formée de deux contre-poids égaux, celui de l'autorité, & celui de l'intérêt National. Ce mot *balance*, signifie qu'il n'y a pas de pouvoir possédé par une partie de la législation, dont l'abus ou l'excès ne soit réprimé par quelque pouvoir antagoniste qui réside dans une autre partie. Ainsi, le droit qu'ont les deux Chambres du Parlement de promulguer des Loix, est réprimé par la négative du Monarque, afin que si des Loix subversives du Gouvernement Royal obtenaient la sanction du Parlement, le Prince régnant, en interposant sa prérogative, pût sauver les droits & l'autorité de sa place. D'un autre côté, l'application arbitraire de cette négative, est contenue par le privilége que possède le Parlement de refuser des secours pécuniaires aux besoins de l'Administration du Roi. La maxime constitutionnelle « *que le Roi ne peut faire mal* », est contrebalancée par une autre maxime non moins constitutionnelle, « que les commandements illégaux du Roi ne justifient pas ceux qui concourent ou contribuent à leur exécution », & par une seconde règle subsidiaire à celle-ci, « que les actes de la Couronne n'acquièrent aucune force légale, qu'autant qu'ils ont reçu leur authenticité de la signature de quelqu'un de ses grands Officiers ». La sagesse de cette prévoyance est digne d'observation. Comme le Roi ne pourrait pas être puni sans qu'il en résultât une guerre civile, la Constitution exempte sa personne de la nécessité de rendre compte de sa conduite ou de subir un jugement; mais de peur que cette impunité ne puisse encourager un exercice licentieux de la Souveraineté, différents obstacles s'opposent à la volonté privée du Souverain lorsqu'elle est dirigée vers des objets illégaux. La volonté de la Couronne doit être annoncée avec solemnité & attestée par certains Officiers d'Etat. Dans quelques cas, l'ordre Royal doit être signifié par un Secrétaire d'Etat ; dans d'autres, il doit être passé sous le petit sceau, & dans beaucoup de circonstances sous le grand sceau. Lorsque le commandement du Roi a été rendu public d'une façon régulière, il ne peut en résulter aucun mal sans le ministère & la facile complaisance de ceux auxquels il est adressé. Or tous ceux qui concourrent aux effets d'un ordre illégal, en donnant de l'authenticité à sa publication par leur sceau ou leur signature, ou qui de quelque manière que ce soit, contribuent à ce qu'il soit mis à exécution, s'exposent eux-mêmes à des poursuites & à des punitions pour la part qu'ils y ont eue, & ils ne sont même pas reçus à alléguer ou à produire le commandement exprès du Roi pour justifier leur obéissance. (1) Le pouvoir que la Couronne a de diriger la force Militaire du Royaume, est balancé par la nécessité de recourir au Parlement pour le maintien & le gouvernement de cette force. Le droit conféré au Souverain de

---

(1) Parmi les différentes censures que le Parlement exerce sur l'administration des affaires publiques, je m'abstiens de faire mention ici de l'usage de s'adresser au Roi, à l'effet de connaître par quels avis il s'est porté à telles & telles mesures, & de punir les auteurs de ces conseils: ce n'est pas que je croye cette méthode inconstitutionnelle ou mal séante, mais c'est parce qu'elle ne soumet pas tant le Roi au *contrôle* du Parlement, qu'elle le suppose déja dans cette dépendance. Si le Roi était assez à l'abri du ressentiment de la Chambre des Communes, pour refuser impunément l'information qu'on lui demande, ou pour prendre sur lui de répondre pour ceux qu'on recherche, tous les procédés fondés sur ce mode d'application, c'est-à-dire sur cet usage de s'adresser au Roi, seraient dès lors anéantis.

déclarer

déclarer la guerre, est réprimé par le privilége de la Chambre des Communes d'accorder ou de retenir les subsides pour fournir aux frais de la guerre; le choix des Ministres, dévolu au Prince, est restreint par l'obligation où il se trouve de nommer aux charges de l'Etat, des hommes que les deux Chambres du Parlement trouvent capables de conduire les affaires du Gouvernement. Cette considération est d'une nature si imposante pour la Couronne, qu'elle détruit en grande partie l'influence de la faveur, au point même qu'il n'est pas extraordinaire dans ce Pays, de voir le Roi nommer aux places les plus élevées, des hommes qui se sont distingués par leur opposition à ses inclinations personnelles.

Par le contrepoids de *l'intérêt National*, qui balance *celui du pouvoir*, il faut entendre que les intérêts respectifs des trois Etats de l'Empire sont calculés de manière que si l'un des trois veut tenter quelqu'usurpation, les autres s'uniront pour lui résister. Si le Roi cherchait à étendre son autorité, en resserrant le pouvoir & les priviléges de la Chambre des Communes, la Chambre des Pairs trouverait sa dignité en danger à chaque pas que la Couronne ferait pour se soustraire à la dépendance des résolutions du Parlement. L'introduction du pouvoir arbitraire, n'est pas moins formidable à la grandeur de l'aristocratie, qu'elle n'est fatale à la liberté de la République, c'est-à-dire, qu'elle dépouillerait la Noblesse, de la part héréditaire qu'elle a aux Conseils Nationaux, & qui constitue sa grandeur réelle, pour la réduire à ne plus former que l'inutile & pompeux cortége d'une Cour despotique. D'un autre côté, si la Chambre des Communes empiétait sur les droits, & usurpait la prérogative établie de la Couronne, la Chambre des Lords prendrait aussi-tôt l'alarme, & s'éleverait contre l'agrandissement du pouvoir populaire. Dans tous les différents où le Roi peut être engagé avec le Corps représentatif, pour défendre la portion d'autorité dont il jouit, il est certain de trouver un allié sûr, dans le pouvoir collectif de la Noblesse. Un attachement constant à la Monarchie, dont les Nobles tirent leurs distinctions, les charmes séduisants d'une Cour dont ils ont contracté en naissant les goûts & les sentiments, leur haine pour l'égalité & pour toutes les prétentions qui, en voulant établir un niveau dans les conditions, finiraient par affecter les priviléges & même l'existence de leur Ordre; tous les principes, en un mot, & tous les préjugés qui influent sur la conduite humaine, les détermineraient à soutenir la parti de la Couronne. Enfin, si les Nobles eux-mêmes voulaient faire revivre la souveraineté que leurs Ancêtres ont exercée sous la Constitution féodale, le Peuple & le Roi se rappelleraient aussi-tôt, l'un, combien il a été insulté, & l'autre, dans quel vil esclavage il a été plongé par cette barbare tyrannie ; ils oublieraient dans l'instant, l'opposition naturelle de leurs vues & de leurs intérêts, lorsqu'ils se verraient menacés du retour d'une domination qui, jadis, fut odieuse & insupportable à tous deux.

Le Lecteur doit avoir observé, que dans la description que nous venons de donner de la Constitution Anglaise, nous avons très-peu parlé de la Chambre des Lords ; voici le but & le dessein de cette partie de la Constitution. D'abord, de mettre le Roi, par le pouvoir qu'il a d'accorder la Pairie, à même de récompenser ceux qui ont bien mérité de la Patrie, d'une manière qui leur soit agréable, & qui soit en même temps peu dispendieuse ; en second lieu, de fortifier la Puissance, & d'assurer la stabilité du Gouvernement Royal par l'appui d'un Ordre d'hommes naturellement liés à ses intérêts ; & troisièmement de remplir un objet qui, quoique d'une importance supérieure aux deux autres, ne se présente point si promptement à l'idée : celui de mettre un frein aux fureurs populaires. Des Corps considérables sont sujets à des frénésies subites ; des opinions circulent quelquefois parmi la multitude, sans subir aucun examen : souvent elles acquièrent de la confiance & de la réputation par le seul motif qu'elles ont passé de bouche en bouche ; des passions fondées sur de pareils jugements, se répandent avec une rapidité qu'on ne peut expliquer ni arrêter ; elles peuvent occasionner dans un Pays les plus vives commotions. Or, le seul moyen de calmer cette fermentation, est de diviser la masse, c'est-à-dire, d'élever dans la société, différents Ordres séparés par des intérêts & des préjugés différents. Tel peut être, quelquefois, l'avantage de l'existence d'une Noblesse héréditaire, investie d'une portion de la législation. Ennemis de ces préjugés qui meuvent les esprits du vulgaire, accoutumés à condamner les clameurs de la Populace, dédaignant de recevoir des Loix & des opinions de leurs inférieurs, les Nobles s'opposeront à des résolutions fondées sur la folie & la violence de la classe inférieure de la société. Si la voix du Peuple était toujours celle de la réflexion, si chaque homme, si un seul homme sur cent, pensait par lui-même, si dans le moment qu'il est prêt de statuer, il considérait le parti qu'il va approuver ou censurer ; si le vulgaire tenait avec un peu de fermeté au jugement qu'il a formé, je regarderais l'intervention d'un Ordre supérieur, non-seulement comme superflu, mais encore comme dangereux. Sans vouloir refuser à la distinction & au rang, tout ce que ces avantages méritent, il n'en est pas moins certain que ce qui paraît juste au jugement & à la décision de la grande majorité d'une Nation, l'est vraisemblablement, ou du moins, que telle chose est bonne pour *elle*, si elle est conforme à sa manière de voir & à ses desirs les plus réfléchis. Mais quand on considère, que ce qui passe pour le vœu Public, n'est souvent que le sentiment, & peut-être la profession feinte de quelques Chefs artificieux, que la foule qui se joint au cri des factieux ne sert qu'à grossir & à multiplier le son sans aucune accession de jugement, sans l'exercice même de la raison, & que souvent les plus sages Conseils sont obligés de céder au tumulte ou à la rumeur. On conçoit facilement, qu'il est des circonstances où la République peut être sauvée par la résistance des Nobles, à adopter les caprices, & à se soumettre à la véhémence d'une Populace ameutée. En nous promettant cet avantage d'un Corps de Noblesse, nous ne supposons point les

Nobles plus exempts de préjugés que les autres hommes ; nous supposons seulement, que leurs préjugés seront différents de ceux du Peuple, & qu'ils en contrebalanceront les effets dans l'occasion.

Si l'on restreignait les priviléges personnels de la Pairie, qui sont autant d'injustices faites au reste de la société, je ne verrais plus d'inconvénient à augmenter le nombre de ses Membres ; ce ne serait que diviser, en plus de mains, la même quantité de pouvoir, ce qui ne pourrait qu'être favorable à la liberté publique.

L'admission d'un petit nombre d'Ecclésiastiques dans la Chambre des Lords, n'est qu'un juste dédommagement fait au Clergé, de l'exclusion de son Ordre de la Chambre des Communes. Il forme un Corps qui tient un rang considérable par son nombre & ses propriétés, ainsi que par son crédit & les devoirs de son état ; cependant, tandis que toute autre profession a, parmi les Représentants de la Nation, des hommes qui, familiers avec les occupations de la classe à laquelle ils appartiennent, sont en état d'en régler, & mêmes sont disposés à en défendre les droits & les intérêts, le Clergé seul est privé de cet avantage. Mais cette rigueur a été compensée par l'introduction de la Prélature au Parlement, & si les Evêques sont, par reconnaissance ou par l'espoir des faveurs, plus soumis aux volontés de la Couronne que ceux qui possèdent de grands biens temporels, c'est avec raison qu'ils sont placés dans cette partie de la Constitution, dont on attend ordinairement le moins de résistance aux mesures du Gouvernement.

Je ne vois pas, je l'avoue, de raison suffisante pour exempter les Membres des deux Chambres du Parlement, d'être arrêtés pour dettes. Les conseils & les suffrages d'un simple Sénateur, spécialement, de celui qui dans la conduite de ses affaires personnelles, peut être justement soupçonné d'un manque de prudence & d'honnêteté, peuvent rarement être assez nécessaires à celles du Public, pour justifier une exception à cette police salutaire, dont les Loix du Commerce punissent & stigmatisent l'insolvabilité. Quelques raisons que l'on puisse alléguer en faveur de leur immunité personnelle, toutes les fois que le privilége annexé à la qualité de Membre du Parlement s'étend à des Domestiques, ou lorsqu'il arrête & suspend le cours des procédures judiciaires, il devient un sacrifice absurde, de la Justice distributive, à une dignité imaginaire.

Il n'y a rien dans la Constitution Britannique de si remarquable que l'irrégularité de la représentation Populaire. La Chambre des Communes consiste en cinq cents quarante-huit Membres, dont deux cents sont choisis par sept mille Constituants ; de sorte qu'une majorité de ces sept mille, avec un titre quelconque, susceptible de donner de l'influence ou de la prépondérance dans l'Etat, peut, dans certaines circonstances, décider une question contre le sentiment de plusieurs millions d'hommes ; ou, pour placer le même objet dans un autre point de vue, & pour mieux faire sentir encore l'irrégularité de la représentation : si mon bien est situé dans telle Province du Royaume, je possède la dixmillième partie d'un simple Représentant, si dans une autre, la millieme, si dans un district particulier je puis être dans vingt, l'un de ceux qui choisissent deux Représentants, si dans un canton encore plus favorisé, je puis avoir le droit d'en nommer deux moi-même ; que je sois né, que je demeure, ou que j'aye fait mon apprentissage dans telle ville, je suis représenté dans l'Assemblée Nationale par deux Députés, dans le choix desquels j'exerce une portion de pouvoir actuelle & sensible; si le hasard a placé ma naissance, ma demeure ou mes services dans une autre ville, je n'ai pas du tout de Représentant, & je ne participe pas plus à l'élection de ceux qui font les Loix, que si j'étais un sujet du Grand Turc; & cette partialité subsiste sans aucun prétexte quelconque de mérite ou de propriété, qui justifie la préférence accordée à un district sur une autre. Enfin, pour décrire l'état de la représentation Nationale comme elle existe réellement, on peut je crois affirmer, avec vérité, que la moitié de la Chambre des Communes obtient séance à cette Assemblée par l'élection du Peuple, & l'autre par argent ou par la nomination des seuls Propriétaires de grands biens.

Ce vice de la Constitution, est sensible; mais si c'est un de ceux qui frappent le plus au premier apperçu, l'effet du raisonnement est aussi d'en diminuer l'impression; c'est pourquoi cette matière exige le plus grand examen, si l'on veut s'assurer, avant de hasarder des changements que la grandeur du mal justifie l'expérience d'une réforme.

Nous devons prévenir le Lecteur sur le peu de remarques qui suivent, & d'abord il ne doit pas nous soupçonner d'être d'intelligence avec ceux qui desirent altérer entièrement la forme du Gouvernement de ces Royaumes. Les réformateurs au nombre desquels nous nous rangeons, & avec qui nous desirons conférer, sont ceux qui se proposant de changer cette partie du systême, consentent à retenir & à conserver le reste. Tout Anglais qui promet à son Pays plus de bonheur par l'établissement d'un Gouvernement purement Républicain, doit en même temps recommander une nouvelle forme d'Elections au Parlement, parce que si le Roi & la Chambre des Pairs n'existaient plus, la représentation actuelle ne produirait par ses disproportions, qu'une Oligarchie confuse & mal ordonnée.

Nous nous refusons à toute epèce de controverse, avec ces Ecrivains qui maintiennent que la représentation est un droit *naturel*; (1) nous ne la considérons comme droit, qu'autant qu'elle mène au bien public, c'est-à-dire, qu'elle contribue à l'établissement de bonnes Loix, ou qu'elle garantit au Peuple la juste administration de ces Loix. Ces effets dépendent de la disposition & des talents des Conseillers Nationaux. Si donc les hommes les plus propres à connaître & à servir l'intérêt public, sont nom-

(1) Si ce droit est naturel, il n'y a pas de doute qu'il ne doive être égal, & qu'il n'appartienne même à un sexe comme à un autre; & cependant tous les plans de représentation dont nous avons entendu parler, commencent par exclure les voix des femmes, & retranchent ainsi d'un seul coup, à la moitié de la Nation, un droit qu'ils assurent être inhérent à tous, un droit qui, comme ils l'annoncent, est non-seulement inamovible, mais inaliénable & indestructible.

més plusieurs fois au Parlement, il importe peu qui les a nommés ; si les personnes qui ont le plus de mérite sont élues, qu'importe qui les a choisies ? Aucun Politique ne s'avisera jamais, je pense, de renverser des règles établies depuis très-long-temps, & même fixées, sans la perspective de procurer des Représentants plus sages ou meilleurs. Tout bien considéré, avant que de chercher à obtenir de nouveaux avantages, examinons bien ceux que nous réunissons déja. Nous avons une Chambre des Communes composée de cinq cents quarante-huit Membres, au nombre desquels se trouvent les plus riches Propriétaires & les premiers Négociants du Royaume, les Chefs des Armées de terre, de la Marine, de la Magistrature, tous ceux qui occupent les premières charges de l'Etat, & différents Sujets célèbres par leurs qualités intellectuelles, leur éloquence & leur dévouement à la chose publique ; or, si la Nation ne trouve pas sa sûreté dans de telles mains, à qui doit-elle confier ses intérêts ? Si un pareil nombre d'individus, si de tels hommes, sont exposés à l'influence de la corruption, quel Corps, quelle Assemblée sera donc à l'abri du même danger ? Est-il un systême de représentation qui promette de rassembler plus de connaissances, plus de fermeté, de sagesse & d'intégrité ? En examinant les choses sous ce point de vue, sans s'abandonner à des idées d'ordre & de proportion, (dont bien des esprits son enthousiasmés) & en ne consultant que les effets, on trouvera des motifs suffisants pour justifier cette partie de la Constitution qui, aux regards d'un Observateur peu réfléchi paraîtra blâmable & absurde. On doit toujours avoir présente à l'esprit cette maxime très-applicable au sujet, qu'aucun Ordre, qu'aucune société quelconque ne peut longtemps maintenir son rang & son autorité dans un Gouvernement mixte, lorsque

les

les Membres de cet Ordre ou de cette société ne possèdent point individuellement une grande importance personnelle. Quels que soient les vices de l'arrangement présent, il assure nécessairement une masse considérable de propriétés à la Chambre des Communes par l'entrée exclusive qu'il offre dans cette Chambre à un grand nombre de Propriétaires. Par ce moyen, les personnages chargés de la défense des droits séparés & des intérêts de cette branche de législation, sont ceux qui semblent les plus propres à maintenir ses prétentions. La Constitution de la plupart des petits bourgs, spécialement les *burgages tenures*, (1) contribuent, quoique sans des-

(1) Il existe en Angleterre plusieurs villes & bourgs, dont tous les Habitans tiennent à bail leurs terres & biens du Roi, ou de quelqu'autre Seigneur foncier. Ces tenements, ou *bourgades tenures*, donnent au propriétaire une telle influence sur la nomination des représentants

sein, au même effet, car la nomination de leurs Représentants, est ordinairement annexée à de très-grandes propriétés. Les élections purement populaires sont partiales & subordonnées à différentes passions. Dans des temps de tranquillité, l'ascendant naturel de la richesse prévaut le plus souvent ; mais lorsque les esprits sont en proye à des dissentions politiques, cette influence cède souvent à des mouvements plus impétueux. La variété des *tenures* & des titres ou qualités sur lesquels le droit de voter est fondé, me parait justifier la forme qui subsiste actuellement, puisqu'elle tend à introduire dans le Parlement, un mélange de caractères & de professions qui ont une véritable correspondance. Il y a long-temps qu'on observe que les qualités les plus éclatantes se trouvent le

de ces villes & bourgs, que toujours il est sûr de faire tomber le choix sur lui-même, ou sur ceux que son intérêt désigne.

plus fréquemment réunies dans les Représentants des petites bourgades ; cette particularité est facile à expliquer par tout ce que les Loix de la conduite humaine nous donnent lieu d'attendre tous les jours. Lorsque ces bourgades sont mises en adjudication, il n'y a que ceux qui ont assez de talent pour tirer le meilleur parti de leur marché, qui mettent à l'enchère. Lorsqu'une place de Représentant n'est point à vendre, mais qu'elle est donnée par le propriétaire opulent d'une *burgage tenure*, le protecteur du mandataire devient intéressé à ce que celui qu'il nomme, jouisse d'une bonne réputation, & qu'il ait des lumières & des vertus. Si certains Nobles sont en possession du droit de nommer quelques Représentants à la Chambre Basse, ce droit sert à maintenir entre les deux branches de la légiflation, l'alliance qu'aucun bon Citoyen ne doit desirer de voir rompre ; il aide à maintenir le Gouvernement du Royaume dans la Chambre des Communes, où il cesserait peut-être bientôt de résider si une partie de la Nation, aussi puissante & aussi riche que celle qui compose la Pairie, était exclue de toute participation à sa Constitution. S'il existe quelques bourgs qui, par certaines circonstances, soient entièrement à la disposition de la Couronne, tant que leur nombre est connu & petit, on peut les tolérer sans danger; car quel inconvénient y aurait-il à ce que le Roi nommât aux places du Parlement, un nombre limité de ceux qui composent sa Maison, ou, ce qui est la même chose, si les places du Parlement étaient annexées à l'exercice de certains emplois de l'Etat les plus importants & les plus assujettis à la responsabilité? La représentation actuelle, malgré la confusion à laquelle elle donne lieu, est encore à un tel degré populaire, les Représentants sont liés avec la masse de la société par une si forte association d'intérêts & de passions, que la volonté du Peuple, lorsqu'elle est déterminée, permanente & générale, finit presque toujours par prévaloir.

Ces réflexions prouvent qu'il serait difficile de trouver dans les plans qui ont été suggérés, d'une représentation égale ou réformée, un expédient qui tendît à réunir plus d'affaires Nationales dans la Chambre des Communes, ou à rassembler une classe d'hommes plus propres à décider de ces affaires, & plus intéressés en général au bonheur & à la prospérité du Royaume. On peut cependant attendre une conséquence de ces projets, savoir « moins de flexibilité & plus de résistance à l'influence de la Couronne; » & puisque la diminution de cette influence est le dessein manifeste, & peut-être l'unique but des différents systêmes qui ont été produits, soit pour régler les Elections, pour abréger leur durée, ou pour épurer la constitution du Parlement par l'exclusion des gens en place & des pensionnaires ; il est démontré que le moyen le plus simple, le plus naturel & peut-être le moins orageux pour atteindre le même but, serait de réduire le patronage de la Couronne : ce qu'on pourrait effectuer jusqu'à un certain point, sans s'exposer à des conséquences très-funestes. Non-seulement on peut supprimer dès-à-présent des offices superflus & onéreux ; mais on peut créer des Loix qui restreignent dans de certaines limites le nombre & la valeur des emplois à la disposition du Souverain.

Mais pendant que nous disputons sur des plans de réforme qui tendent tous au même but, il se présente une question à résoudre ; c'est de savoir si la fin qu'on se propose est bonne, si elle n'est pas sans danger, si l'influence contre laquelle on déclame si fort, peut être détruite ou même diminuée sans péril pour l'Etat. Tandis que le zèle de certaines personnes voit cette influence avec une jalousie, que rien ne peut appaiser, que son entière abolition, beaucoup de politiques très-sages & très-vertueux pensent qu'une portion considérable de cette influence, est aussi nécessaire que toute autre partie intégrante de la Constitution, & que c'est elle qui donne de la cohésion & de la solidité au tout. Si les mesures de la Couronne, disent-ils, ne rencontraient de l'opposition que dans des principes sages & raisonnables, le Gouvernement, pour en triompher, n'aurait besoin que de la rectitude de sa conduite; mais puisque la résistance provient d'une autre cause, le Ministère doit être doué d'un certain degré de force pour en contre-balancer les effets; s'il veut produire la neutralité sans enchaîner les opinions, il faut qu'il ait un poids à jetter dans la balance pour la rendre égale. Il est de la nature du pouvoir de reculer toujours les bornes qui le retiennent; la licence, la faction, l'envie, l'impatience de la contradiction ou de l'infériorité, le plaisir de mortifier les Grands, ou l'espérance de les déposséder; une disposition continuelle à suspecter & à blâmer ce qui est dicté ou même proposé par un autre; un penchant commun à tous les Corps, pour l'extension des demandes & de la puissance de leur Ordre, & par dessus tout cela, cet amour de l'autorité, cette ambition de la montrer qui réside plus ou moins dans le cœur de chaque individu, & qui, dans les assemblées populaires, s'enflamme comme toute autre passion par la communication & l'encouragement; ces motifs réunis à des ressentiments privés, chéris & approuvés par une acclamation populaire, pourraient induire la majorité, ou du moins un grand nombre des Représentants des Communes, à joindre leurs efforts pour attirer dans cette Chambre l'entier Gouvernement de l'État, ou peut être obstruer le cours des transactions publiques par une opposition capricieuse & perverse, au point de mettre le plus sage Ministre dans l'impossibilité de diriger les affaires de la nation avec succès.

Quelques traits de l'Histoire d'Angleterre fournissent des exemples qui justifient ces craintes. Avant l'accession de Jacques Ier au Trône, ou du moins pendant le règne de ses trois prédécesseurs immédiats, la Nation était gouvernée par la force, c'est-à-dire, que le Roi faisait adopter ses mesures en intimidant les esprits. Un sentiment de danger personnel tenait les Membres de la Chambre des Communes dans un état d'asservissement perpétuel; mais un concours de circonstances fortunées délivra enfin le Parlement & la Nation de cet esclavage. Ce système d'oppression qui s'était affaibli dans les mains de Jacques, expira bientôt sous le règne de son fils: il fut remplacé après la restauration, & depuis la révolution, par l'heureux établissement de l'influence. Or, on se souvient de ce qui s'est passé entre l'abolition de la tyrannie, & l'établissement de cette même influence; les évènemens de cet intervale, quelqu'idée que l'on se fasse de leurs causes ou de leurs effets, ne peuvent inspirer à aucun ami du Gouvernement Monarchique le desir de les voir renaître. Mais les affaires de ce Royaume fournissent un témoignage plus récent de l'utilité de l'influence. Dans les Colonies Britanniques de l'Amérique septentrionale, les dernières assemblées participaient pour beaucoup au pouvoir & à la constitution de notre Chambre des Communes; le Roi & le Gouvernement de la Grande-Bretagne n'entretenaient point dans le pays l'exercice d'une protection qui pût créer un attachement & une influence suffisants pour balancer cet esprit inquiet & arrogant, qui, dans les assemblées populaires, lorsqu'il est abandonné à lui-même, ne peut souffrir une autorité qui réprime la sienne. C'est à cette cause peut-être, & à quelques provocations blâmables, que l'on doit attribuer comme à leur propre & véritable origine, nous ne dirons pas les malheurs, mais les changements qui ont eu lieu dans l'Empire Britannique. L'avertissement que fournissent de pareils exemples, fera impression sur les Citoyens qui seront contents de l'ensemble de la Constitution Anglaise, & qui comptent la stabilité parmi les premières perfections d'un Gouvernement.

Nous protestons cependant contre toute interprétation qui tendrait à faire conclure, de ce que nous venons de dire, que nous approuvons les voies de corruption, les récompenses, les sollicitations clandestines quelconques : le secret même de pareilles négociations annonce que leurs auteurs se reconnaissent coupables. Ce sentiment de crime, devenu une fois supportable, forme le caractère à toutes sortes de complaisances & de facilités funestes à l'Etat; & ces pratiques corrompues sont d'autant plus dangereuses, que l'étendue de leurs effets est illimitée & presque toujours inconnue. Notre apologie ne s'étend qu'à cette influence, qui résulte de la possession ou de l'espoir des emplois publics, & qui n'exige aucun sacrifice de probité personnelle. En économie politique, plus qu'en toute autre matière, les arguments ou plutôt les conjectures sont souvent si également balancés, que les jugements les plus sages sont tenus en suspens, & ne savent de quel côté pencher : j'appelle ces questions des *sujets indifférents*. Lorsque le sujet n'est pas indifférent en lui-même, il peut paraître tel à une grande partie de ceux à qui il est proposé, faute d'information, de réflexion, d'expérience ou de capacité pour rassembler & peser les raisons de chaque parti, & alors il est *indifférent en apparence*. Cet état d'incertitude se rencontre plus fréquemment dans les contentions personnelles où nous n'appercevons souvent aucune raison d'utilité publique, pour préférer un compétiteur à l'autre : tels sont les cas qui composent le district de l'influence, c'est-à-dire, que la décision dans ces cas sera inévitablement déterminée par une espèce d'influence quelconque : le seul doute est de savoir laquelle sera admise. Si vous écartez l'influence de la Couronne, c'est seulement pour faire place à une influence d'un autre genre : éloignez les motifs d'espoir & de reconnoissance, ils seront remplacés par d'autres qui agiront probablement en sens contraire, mais qui seront également *irrélatifs* & étrangers au mérite de la question. Il existe, comme nous l'avons déja dit, dans le cœur humain, des passions qui forment toujours un parti très-puissant contre le pouvoir exécutif d'un Gouvernement mixte. Suivant que la disposition du Parlement se montrera favorable ou contraire aux intentions de la Couronne, sur des matières qui paroîtront ou seront réellement indifférentes, d'après la définition que nous avons donnée de cette indifférence, les affaires de l'Empire se conduiront avec beaucoup d'harmonie & de facilité, ou avec beaucoup de difficulté & de discorde ; & l'on ne tirerait point une conséquence fondée sur la justice, ou garantie par l'expérience, en disant que parce que les hommes sont induits par des vues d'intérêt à consentir des actes, pour lesquels leur jugement ne décide rien, ils peuvent être amenés par le même motif à prendre de sang froid un parti absolument opposé à leurs connaissances & à leurs devoirs. Quiconque jettera les yeux sur les opérations de notre Gouvernement depuis la révolution, trouvera peu de mesures de l'administration dont il ne puisse affirmer avec certitude, qu'elles ont dû être *indifférentes* à la majeure partie de ceux qui y ont concouru. Devons-nous inférer du succès ou de la facilité avec lesquels ceux qui distribuent les faveurs de la

Couronne, ont fait adopter ces mesures, qu'une pareille application des honneurs & des émoluments procurerait le consentement du Parlement à des actes évidemment destructeurs du bien public. N'y a-t-il pas au contraire plus de raison de craindre que si la prérogative était privée de l'influence, elle ne fût plus long-temps en état de se soutenir elle-même? Si l'on réfléchit sur le pouvoir que la Chambre des Communes a de faire souscrire à ses résolutions les autres parties de la législation, ou d'anéantir la constitution par le refus des subsides nécessaires au maintien des fonctions du Gouvernement; si l'on envisage aussi tous les motifs qui, dans les vicissitudes d'intérêts & de passions politiques, peuvent armer & diriger ce pouvoir contre le Magistrat chargé de la puissance exécutive; si l'on a égard à ces différentes considérations, on sera peut-être porté à reconnaître qu'il n'y a pas plus de paradoxe que de vérité dans cet apophtegme important, mais très-décrié : « qu'un Parlement indépendant est incompatible avec l'existence de la Monarchie ».

DE LA LIBERTÉ CIVILE.

La liberté Civile est le droit qu'a tout Citoyen, de n'être contraint dans ses actions par aucune Loi, à moins que cette Loi n'opère, à un degré sensible, le bien public.

FAIRE ce que l'on veut, c'est avoir la liberté naturelle ; faire ce que l'on veut, en agissant conséquemment avec l'intérêt de la société à laquelle on est attaché, c'est avoir la liberté Civile, c'est-à-dire, la seule liberté qu'on puisse souhaiter dans un Etat civilisé.

Je desirerais, sans doute, pouvoir agir, dans tous les cas, suivant ma volonté ; mais la réflexion me dit que le reste du genre-humain en ferait autant, que dans cet état d'indépendance universelle, j'éprouverais par l'opposition & par la rivalité des autres, tant d'obstacles & d'empêchements à l'exécution de mes desirs, que mon bonheur serait moins parfait, & ma liberté plus limitée que si la société était soumise à un code de Loix égales pour tout le monde.

La liberté si vantée de l'état de nature, n'existe que dans l'état de solitude. Dans tous les genres & degrés quelconques d'association ou de commerce avec son espèce, la liberté de l'individu s'accroit par les Loix mêmes qui la restreignent, parce que chaque Citoyen gagne plus par les limites qui circonscrivent la liberté des autres hommes, qu'il ne perd par la diminution de la sienne. La liberté naturelle est le droit que tout le monde peut exercer sur un terrein désert & inculte, la liberté Civile est la propriété exclusive, sûre & paisible d'un enclos cultivé.

Cette définition de la liberté Civile,

indique que les Loix d'un Peuple libre n'imposent sur la liberté privée d'un Citoyen aucunes restrictions, qui n'ont point pour but d'opérer à un degré *sensible* le bonheur public ; d'où l'on doit inférer, 1°. que la contrainte en elle-même, est un mal ; 2°. que ce mal doit être balancé par quelque avantage public ; 3°. que la législation est obligée d'administrer la preuve de cet avantage ; 4°. qu'il suffit qu'une Loi ne produise aucun bien réel pour qu'elle soit abrogée comme contraire & attentatoire aux droits d'un Sujet libre, sans qu'il soit besoin de demander la preuve spécifique de ses mauvais effets. Cette maxime pourrait être utilement rappellée dans la révision de plusieurs Loix de ce Pays, principalement de celles qui concernent la chasse, celles qui intéressent les pauvres, sur-tout quant aux restrictions qui leur sont imposées ; les Loix qui concernent les Papistes & les non-

Conformistes. Il est étonnant que chez un Peuple jaloux à l'excès de sa liberté, ce principe ait été si négligé.

Le degré de liberté actuelle, suivant la définition que nous venons d'en donner, étant toujours en proportion, inverse du nombre & de la sévérité des restrictions inutiles, ou dont l'utilité ne balance pas le mal qu'elles causent, il en résulte que chaque Nation possède une certaine somme de liberté, & qu'aucune n'est parfaitement libre; que l'on peut jouir de cette liberté sous toutes les formes de Gouvernement; qu'elle peut décroître ou s'étendre; mais qu'on ne peut jamais ni l'obtenir, ni la perdre, ni la recouvrer entièrement par une nouvelle forme de réglement, par un changement ou un événement quelconque; qu'en conséquence, ces expressions populaires, qu'on emploie tous les jours, telles que, « un *Peuple libre* », « une *Nation d'esclaves* », « *l'Ere de la liberté* », & une infinité d'autres aussi absurdes, ne sont intelligibles que dans un sens comparatif.

Ce que nous venons de faire observer, sert aussi à rendre plus sensible la distinction qui existe entre la liberté *personnelle* & la liberté *Civile*. Le Citoyen de la République la plus libre du monde, peut être emprisonné pour ses crimes, & quoique sa liberté personnelle soit gênée par des fers & des verroux, il doit en être privé, tant que sa détention est l'effet d'une Loi publique salutaire. Si cette observation laisse des doutes, la comparaison suivante va les dissiper. Un Navigateur Anglais, qui à son retour d'un voyage dans le Levant, se trouverait forcé de faire la quarantaine dans un Lazareth, quelqu'impatience qu'il eut d'obtenir son élargissement, n'en accuserait pas pour cela le Gouvernement d'attenter à sa liberté, vît-il même une sentinelle posée à sa porte pour épier ses mouvements, & faire feu sur lui en cas d'évasion ; il se féliciterait peut-être, même, au contraire, d'avoir mis encore une fois les pieds sur une terre libre. Non-seulement les avantages manifestes de ces mesures, en justifient l'emploi ; mais elles concilient encore le plus odieux emprisonnement avec la possession parfaite & les notions les plus élevées de la liberté *Civile*. Si l'on peut dire de l'effet coercitif des prisons, qu'il peut s'accorder avec l'état de liberté *Civile*, on doit bien moins réfuser cette comptabilité à la contrainte modérée que l'opposition ordinaire du Gouvernement impose sur la volonté des individus. Ce n'est point la rigueur, mais l'inutilité des Loix & des actes d'autorité qui les rend tyranniques.

Il est une autre définition de la liberté Civile, qui, quoique moins simple & moins exacte que la première, se rapproche plus encore de la signification que l'usage familier de la conversation, & l'exemple de beaucoup d'Ecrivains respectables lui ont appliquée. Cette définition place la liberté dans la sûreté individuelle ; elle ne la fait pas consister simplement dans l'exemption actuelle de la contrainte des Loix & des actes d'autorité inutiles & nuisibles, mais dans la *certitude* physique de n'en point voir exercer de pareils dans la suite. Ainsi, en parlant de l'Etat politique de l'Europe moderne, nous sommes accoutumés à dire de la Suède qu'elle a perdu sa *liberté* par la révolution qui a eu lieu dernièrement dans ce Pays, & cependant, nous sommes assurés que le Peuple est gouverné par les mêmes Loix qu'auparavant, & par d'autres réglements, même plus sages, plus doux, & plus équitables. Quelle perte les Citoyens ont-ils donc éprouvée? Ils ont perdu le pouvoir & les fonctions de leur Diète, la constitution de leurs Etats & de leurs Ordres, dont la délibération & le concours étaient requis pour l'établissement & la promulgation des Loix. Ils sont dépouillés de leur sûreté, & de cette sauve-garde qui les défendait de toutes les entreprises injustes & oppressives que la Couronne pourrait jamais former contre eux. Cette perte de la sûreté individuelle, nous l'appellons avec raison, la perte de la liberté. Ils n'ont pas changé de Loix, mais de législation. Ils n'ont rien perdu de leurs jouissances, mais ils ont beaucoup perdu de leur sécurité personnelle ; ils ne se plaignent point de nouveaux fardeaux, mais de la perspective qu'ils ont d'un avenir affligeant, & nous nommons ce changement de condition, l'échange de la liberté contre l'esclavage. C'est par la même raison, que l'acte du Parlement, qui, sous le règne de Henri VIII, donna à la proclamation du Prince, force de Loi, fut une résignation formelle de la liberté de la Nation Anglaise, & quand ce Monarque n'eût rendu aucuns Edits en vertu du pouvoir qu'il venait d'usurper, ou qu'il n'en eût rendu que de conformes à la saine équité, la liberté de ses Sujets n'en eût pas moins été anéantie. S'il était probable que l'avantage & les intérêts du Peuple fussent aussi soigneusement & aussi prudemment consultés dans les Edits d'un Prince despote, que dans les résolutions d'un Assemblée Populaire, alors, on serait aussi libre sous un Gouvernement absolu, que sous la plus pure Démocratie. Le différent degré de soins & de connaissance que l'on doit attendre des différentes formes de législation, relativement à l'intérêt National, constituent, quant à la liberté, une distinction aussi marquée entre ces deux extrêmes (1), qu'entre toutes les modifications intermédiaires de Gouvernement Civil.

Les définitions que l'on a souvent imaginées de la liberté Civile, & qui

---

(1) L'Auteur entend ici, par ce mot, le Gouvernement despotique & la démocratie pure.

ont fait la matière de beaucoup de discussions très-inutiles, sont, pour la plupart, adaptées à la seconde description que nous venons d'en donner. Aussi un Auteur politique a-t-il fait consister la véritable essence de la liberté d'un individu, dans celle qu'il a de n'être gouverné que par des Loix auxquelles il a prêté un consentement actuel ; un autre s'est contenté d'un consentement indirect & virtuel ; un troisième encore, place la liberté Civile dans la séparation des fonctions exécutives & législatives ; un quatrième, dans le droit d'être gouverné par la *Loi*, c'est-à-dire, par des règles connues, contemporaines de la Constitution, stables & inflexibles ; un cinquième, dans le pouvoir exclusif que possède le Peuple de s'imposer lui-même par ses Représentants ; un sixième, dans les élections libres & pures des Mandataires ; un septième, dans le contrôle que la partie démocratique de la Constitution, peut exercer sur l'établissement Militaire. On peut observer, quant à ces différentes opinions & à beaucoup d'autres pareilles, qu'elles manquent toutes de vérité & d'exactitude, en ce qu'elles ne définissent pas tant la liberté elle-même, que les sauves-gardes & les préservatifs de la liberté. Par exemple, *le droit qu'aurait un homme de n'être gouverné que par les Loix qu'il a consenties*, si cela était praticable, n'est nécessaire à la jouissance de la liberté Civile, qu'autant qu'il lui assure une certaine probabilité que ces Loix n'imposeront point sur la liberté des restrictions superflues. Cette remarque sur l'inexactitude des définitions de la liberté, est applicable à toutes celles que nous venons de citer. Quant à leur diversité, elle n'aura rien qui doive surprendre si l'on considère qu'il n'y a ni contrariété ni opposition quelconque entre elles, & qu'on en peut adopter autant qu'il existe de moyens & de précautions pour maintenir la liberté Civile.

On ne peut point blesser la vérité par une définition ; mais on peut offenser la raison. Sous ce point de vue, nous devons rejetter celles qui en rendant essentiel à une liberté Civile ce que l'expérience a démontré impraticable, enflamment des desirs qui ne peuvent point être satisfaits, & exposent la tranquillité publique à être troublée par des plaintes que, ni la sagesse, ni la bienveillance du Gouvernement ne peuvent écarter.

Il ne paraîtra pas extraordinaire, qu'une idée qui se présente plus souvent comme sujet de panégirique outré, ou de déclamation oiseuse, que de raisonnements corrects & de réflexions savantes, soit accompagnée d'incertitude & de confusion, ou qu'il soit impossible de trouver une définition qui comprenne toutes les significations vagues, indéterminées & fluctuantes auxquelles ce mot se prête, & s'accorde en même temps avec la condition & l'expérience de la vie sociale.

Adoptons celui que nous voudrons de ces deux sentiments sur la liberté, que nous venons de proposer, établissons tous les raisonnements qu'il nous plaira sur sa nature, sa valeur, & sa durée; voici toujours la conclusion à laquelle nous devons nous fixer, — que le Peuple, le Gouvernement & la Constitution les plus libres, sont ceux qui ont le droit de prendre les mesures les plus sages pour se procurer des loix utiles & salutaires.

FIN.

ERRATA.

PAGE 34, lig. 1, ôtez la virgule.

Page 71, lig. 17, après *rumeur*, substitués une virgule au point.

Page 94, lig. dernière, au lieu de *qui distribuent les faveurs*; lisez *qui dispensaient alors les faveurs.*

www.ingramcontent.com/pod-product-compliance
Ingram Content Group UK Ltd.
Pitfield, Milton Keynes, MK11 3LW, UK
UKHW021105260726
13994UKWH00002B/710

9 782329 414454